FRITZ WERNER

Das Problem des Richterstaates

SCHRIFTENREIHE
DER JURISTISCHEN GESELLSCHAFT e.V.
BERLIN

Heft 2

Berlin 1960

WALTER DE GRUYTER & CO.

vormals G. J. Göschen'sche Verlagshandlung · J. Guttentag, Verlagsbuchhandlung
Georg Reimer · Karl J. Trübner · Veit & Comp.

Das Problem des Richterstaates

Von

Professor Dr. Fritz Werner

Präsident des Bundesverwaltungsgerichts

Vortrag
gehalten vor der
Berliner Juristischen Gesellschaft
am 4. November 1959

Berlin 1960

WALTER DE GRUYTER & CO.

vorm. G. J. Göschen'sche Verlagshandlung · J. Guttentag, Verlagsbuchhandlung
Georg Reimer · Karl J. Trübner · Veit & Comp.

Archiv-Nr. 272760/2

Satz und Druck: Berliner Buchdruckerei Union G. m. b. H., Berlin SW 61

I.

Die Stellung des Richters in unserer öffentlichen Ordnung ist mit einer Fülle von Zweifeln und von Problemen belastet. Das mag keine Besonderheit sein, weil überhaupt unsere öffentlichen Institutionen problematisch geworden sind und — wie hinzuzufügen ist — in einem Staat problematisch sein müssen, der darauf verzichtet, die Dinge des öffentlichen Lebens in vergröbernde, handliche Formeln zu bringen. Gleichwohl ist die Problematik, die in der Stellung des Richters liegt, von größerem Gewicht, als es bei der einen oder anderen Institution der Fall sein mag. Denn man wird davon ausgehen können, daß der Standort der Rechtsprechung in einem Staat von besonderer Stetigkeit und unbezweifelbarer Sicherheit gekennzeichnet sein sollte. Geht man allein von den Normierungen des Grundgesetzes aus, mag es auch scheinen, als ob die Rechtsprechung ihren festen, sicheren Ort innerhalb des Gefüges unserer Verfassung hat. Das Grundgesetz hat sich in seinem Abschnitt IX in den Art. 92 ff. mit besonderer Hingabe der rechtsprechenden Gewalt angenommen und hat es nicht versäumt, einerseits die Rechtsprechung in ihrer Sonderung herauszustellen und sie zum anderen mit dem System der sonstigen öffentlichen Ordnung zu koppeln[1]). Es sei daran erinnert, daß die Fundamentalnorm des Art. 20 die Rechtsprechung als gebunden an Gesetz und Recht bezeichnet und damit Justiz und Legislative einander zuordnet. In einer weiteren Zentralnorm, Art. 1 Abs. 3, wird erklärt, daß die Grundrechte, von denen nicht wenige vorstaatlichen Charakter haben, für Legislative, Exekutive und Rechtsprechung als unmittelbar geltendes Recht Wirkung haben, so daß auf diese Weise die Rechtsprechung in einen allgemeinen und in vorstaatliche Bezirke übergreifenden Sinnzusammenhang eingefügt wird.

---

[1]) Vgl. dazu neuerdings die Darstellung in der Tübinger Rektoratsrede Otto Bachofs: Grundgesetz und Richtermacht 1959.

II.

Trotz dieser verständnisvollen Einordnung der rechtsprechenden Gewalt in unsere verfassungsrechtliche Ordnung durch den Parlamentarischen Rat darf man ein Gefühl des Unbehagens haben, wenn man zu überblicken versucht, wie verschieden die Perspektiven sind, unter denen heute die Gerichte betrachtet werden. Man wird sich der Sorge nicht verschließen können, daß in den letzten Jahren die kritischen Einwände der Justiz gegenüber zugenommen haben. Das heißt nicht, das bekannte Wort von der Vertrauenskrise der Justiz zu zitieren. Es ist Jahrzehnte alt, und es hat den Anschein, als ob es eisernen Bestand hat. Jedoch wie man von einer Vertrauenskrise der Justiz sprechen mag, könnte man auch von einer Vertrauenskrise der Gesetzgebung, der Verwaltung und wohl auch der Verbände sprechen. Darin liegt noch keine Besonderheit gerade des Standorts der Rechtsprechung. Das, was die Auseinandersetzung um ihren Standort in unserer öffentlichen Ordnung dagegen besonders kennzeichnet, sind Formeln wie die vom „Rechtswegestaat" und vom „Rechtsmittelstaat". In derartigen Formulierungen, die gelegentlich mit dem Wort von der „Hypertrophie des Rechtsstaates" verknüpft werden, klingen Bedenken an, die allerdings über das Übliche hinausgehen, was sonst mit dem Wort Vertrauenskrise beschworen wird. Es sei auch erinnert an die nicht selten gebrauchten Formeln von der „Juridifierung der Politik" und der „Politisierung der Justiz", Formeln, die besonders dann, aber nicht nur dann, auftauchen, wenn von der Stellung des Bundesverfassungsgerichts die Rede ist. Gegenüber diesen zumeist skeptischen Betrachtungen gibt es andererseits Auffassungen, die die Rechtsprechung — man möchte fast sagen — in einem verklärten Licht erscheinen lassen. So wird darauf hingewiesen, daß die Rettung der modernen parteienstaatlichen Demokratie letzten Endes nur durch eine Stärkung der richterlichen Gewalt möglich sei. Die Zunahme der öffentlich-rechtlichen Gerichtsbarkeiten im letzten Jahrzehnt in Gestalt des Bundesverfassungsgerichts und der allgemeinen Verwaltungsgerichte, die in den Besitz einer prozeßrechtlichen, § 13 GVG entsprechenden Generalklausel gesetzt wurden, die durchorganisierte Sozialgerichtsbarkeit und die überhöhende Verfassungsgarantie des Rechtsweges in Art. 19 Abs. 4 GG, all das deutet darauf hin, daß die Rechtsprechung in einem bis dahin nicht gekannten Ausmaß als allgegen-

2

wärtiger Hüter unseres öffentlichen Lebens empfunden wird, der nicht nur Individualrechte gewährleistet, sondern die öffentliche Ordnung schlechthin intakt zu halten hat.

In einer so strukturierten öffentlichen Ordnung liegt das Wort vom Richterstaat nicht mehr fern. In dem Buch eines österreichischen Verfassers ist dafür die eindrucksvolle Formel geprägt worden; das Buch ist überschrieben: Vom Gesetzesstaat zum Richterstaat"[2]. Es konnte nicht ausbleiben, daß gegenüber derartigen Formulierungen, zu denen etwa die von P a u l u s v a n H u s e n gefundene Formel von der „Entfesselung der Dritten Gewalt"[3]) hinzutritt, zurzeit eine Art von Gegenbewegung stattfindet. Man kann sie z. B. in den letzten Publikationen Ernst F o r s t h o f f s spüren. Er hat nicht nur in der letzten Auflage seines bekannten Lehrbuches, sondern auch sonst nachdrücklich davor gewarnt, den Rechtsstaat zu einem Richterstaat werden zu lassen, und erhebt die Forderung, man solle zum Gesetzesstaat zurückkehren[4]). Dabei deutet er darauf hin, daß sich in der Heraushebung der richterlichen Gewalt auch eine Art von Standesideologie der Richter verbergen könne. Das würde bedeuten, daß zu den zahlreichen Verbänden, die unsere öffentliche Ordnung in variantenreicher Gestalt durchziehen, ein weiterer „Verband" hinzutritt, die Richterschaft. In der Tat kann man, wenn man Verlautbarungen der einen oder anderen Richterorganisation zur Hand nimmt, gelegentlich den Eindruck gewinnen, als ob sich eine Art von Standesideologie meldet. Auch die Richterschaft scheint dem Sog der Zeit in dieser Hinsicht ausgesetzt zu sein. Gefühle einer Fronde gegenüber dem Staat sind dann nicht mehr fern[5]). Es wäre das ein Bild, das dem

---

[2]) R e n é M a r c i c : Vom Gesetzesstaat zum Richterstaat, Wien 1957.
[3]) P a u l u s v a n H u s e n : Die Entfesselung der Dritten Gewalt, AöR. Bd. 78, S. 49 ff. (1952).
[4]) E r n s t F o r s t h o f f : Lehrbuch des Verwaltungsrechts, 7. Aufl., 1958 Bd. 1 S. V; d e r s.: Die Umbildung des Verfassungsgesetzes, Festschrift für Carl Schmitt 1959 S. 35 ff.
S. auch Hans S c h n e i d e r : Festschrift für Makarow 1958 Bd. 1 S. 453, der bei der Untersuchung einer verwaltungsprozessualen Frage von einer Standesideologie spricht, die hinter dem Urteil stehe. Die kritisierte verwaltungsgerichtliche Rechtsprechung in Staatsangehörigkeitssachen hat allerdings weit nüchternere Gründe.
[5]) Man kann diese Erscheinung auch anders deuten. Der Richterberuf gehört zu den Urberufen, die bereits in nicht-staatlich verfaßten Ordnungen vorhanden waren. Nicht anders wie der Lehrberuf und der Arztberuf, hat er nicht durch den Staat oder die mit dem Staat gekoppelte bürokratische

1*

modernen Verbandswesen bekannt ist. Arbeitgeber- und Arbeitnehmer-Verbände und sonstige Organisationen kennen die Frontstellung gegenüber dem Staat. Gleich an dieser Stelle sei bemerkt, daß diese Art des Denkens, wenn sie der Richterschaft entscheidend das Gesicht geben würde, dem richterlichen Wirken abträglich ist. Selbstverständlich ist es allerdings, daß Institutionen wie die Verwaltungsgerichtsbarkeit und die Verfassungsgerichtsbarkeit allein aus dem Bewußtsein heraus existenzberechtigt sind, daß Richter gegenüber der Obrigkeit „nein" sagen können und müssen. Jedoch wäre es falsch und historisch nicht vertretbar, wenn man der Meinung sein wollte, daß die Gerichtsbarkeit heute jenseits des Staates angesiedelt sei. Gerichte und Staat leben in einer Koppelung. Das sollte hinlänglich bekannt sein, zumindest seitdem M a x   W e b e r vor Jahrzehnten den geschichtlichen Werdegang des staatlichen Amtsträgers untersucht hat, der die Richterrobe trägt. Die Gerichtsbarkeit ist seit langem in das Heer staatlicher Kompetenzen eingefügt, und der Richter ist in die staatliche Bürokratie eingeordnet. Der Richter gehört nicht zu der „sozial freischwebenden Intelligenz" (A l f r e d   W e b e r). Er kann sich das ästhetische Vergnügen des Betrachtens der Zeitläufte nicht leisten, so groß die Versuchung dazu auch sein mag. Allerdings macht ihn seine Verkoppelung mit dem Gesamtgefüge der staatlichen Ordnung ganz gewiß nicht zu einem Rechtspflegebeamten, so wie es Beamte der Bauverwaltung, der Forstverwaltung und der Postverwaltung gibt. Es handelt sich — und das mag eingangs, um jedem Mißverständnis vorzubeugen, betont werden — nicht darum, auch nur ein Jota von den Garantien der persönlichen und sachlichen Unabhängigkeit des Richters über Bord zu werfen. Darüber bedarf es in einem Staat, der sich dem Leitbild des Rechtsstaates verhaftet weiß, keiner Diskussion.

III.

Aber ist es für die Situation, in der der Richter heute steht, nicht zu wenig, wenn man in der Erörterung des Unabhängigkeitspostulats stecken bleibt, ja möglicherweise daraus eine besondere antistaatliche Ideologie macht? Manch ein Beobachter mag dabei

---

Industriegesellschaft seine Grundstruktur erhalten. Die Möglichkeit, diese Berufe in einem Raum der Staatsfremdheit anzusiedeln, ist daher von Hause aus latent.

den Eindruck gewinnen können, als ob die Gerichte ein Stück Widerstand aus der Zeit der Diktatur nachholen. Allerdings ist es in der Bundesrepublik wahrlich leicht, solchen Widerstand zu leisten; denn er ist ungefährlich und ist sogar in der öffentlichen Meinung beliebt. Aber selbst wenn man von solchen Fällen absieht, ergibt sich doch aus Gesprächen mit Richtern, die durchaus keinen Wert darauf legen, auf der Bühne des öffentlichen Wohlwollens zu stehen, gelegentlich der Eindruck, als ob sie sich als eine Art von verkannter Elite fühlen. Innerhalb dieser Elite, die den Richterstand insgesamt umfaßt, gibt es dann noch Sondereliten, etwa die der Strafrichter oder die der Verwaltungsrichter. Gewiß, jede gesellschaftliche Ordnung bedarf der Eliten und bedarf des Bewußtseins solcher Eliten[6]). Aber es sollte kein Elitebewußtsein geben, das außer acht läßt, wie jede Elite fruchtbar nur sein kann, wenn sie sich nicht in einen elfenbeinernen Turm zurückzieht. Man muß es gelegentlich deutlich sagen, daß weder der Richterstand als Ganzes noch die Richter einzelner Gerichtssparten der Nabel der Welt sind; sie sind es ebensowenig, wie es die Lehrer, die Bauern, die Techniker und andere Berufe sind. Die Richter sollten sich mahnen lassen, sich nicht als Herolde einer neuen Weltanschauungspartei zu fühlen. Nach dem Ende der Weltanschauungsparteien in der modernen Demokratie stünde ein solches weltanschaulich fundiertes Sendungsbewußtsein auf unsicherem Boden.

All das wird nicht gesagt, um dem Richter das Selbstbewußtsein unter den Füßen wegzuziehen, dessen er sicher bedarf. Denn Richten in unserer Zeit ist ein schweres, undankbares und mit Mißverständnissen zahlreicher Art belastetes Amt. Aber es kommt darauf an, daß sich aus den Mißverständnissen, denen richterliches Walten ausgesetzt ist, nicht in der Richterschaft ein Gefühl entwickelt, als sei man gleichsam die unverstandene Frau in unserer öffentlichen Ordnung. Mit Ressentiments gegenüber seiner Zeit verliert der Richter die ihm notwendige lebendige Verflechtung mit seiner Zeit. Wichtiger als die Empfindlichkeit gegenüber

---

[6]) Das Problem des Wechsels der Eliten soll hier nicht angesprochen werden. In der Tat stellt sich der modernen Demokratie die Frage, ob die dem klassischen Parlamentarismus zugrunde liegende Vorstellung, die in das Parlament gewählten Abgeordneten seien die unbezweifelbaren Repräsentanten des Gesamtvolkes, noch „geglaubt" wird. Wird sie nicht mehr geglaubt, dann stellt sich allerdings das Problem des Elitewechsels.

der Kritik anderer — um diese Binsenwahrheit auszusprechen — ist die Selbstkritik. Man muß in seinem richterlichen Beruf von einer äußersten kritischen Wachsamkeit sich selbst gegenüber sein und sollte sich nicht mit traditionellen Formeln begnügen, mögen diese auch noch so klangvoll sein. In diesem Sinn mag es verstanden werden, wenn dieser Vortrag nicht als eine laudatio des richterlichen Berufs angelegt ist.

IV.

Zu den Besonderheiten richterlichen Waltens unserer Zeit sollen einige Betrachtungen angestellt werden, die sich vom Juristischen entfernen oder zu entfernen scheinen, und es seien einige Selbstverständlichkeiten vorausgeschickt, die man sich von Zeit zu Zeit ins Gedächtnis rufen sollte.

1. Die Tätigkeit des Richters war zu allen Zeiten eine Tätigkeit der Imperative, und sie muß es sein, wenn sie nicht ihre Eigentlichkeit verlieren will. Das „Du sollst", „Du darfst", „Du darfst nicht" gehört zur täglichen Sprache des Richters. Diese Selbstverständlichkeit führt in Schwierigkeiten, wenn es einer Zeit schwer wird, in Imperativen zu denken und zu reden. Selbst wenn man noch so vorsichtig gegenüber lapidaren Verallgemeinerungen der Grundtendenzen unserer Gegenwart sein mag, so wird man doch an der Feststellung nicht vorbeigehen können, daß zu den markantesten Zeichen unserer Zeit die Psychologisierung der menschlichen Existenz gehört. Eine solche Psychologisierung hat zur Folge, daß man vor jeder Art von Forderungen zurückweichen möchte. Das Problem der Psychologisierung des Rechtes wird in erster Linie für den Strafrichter eine Rolle spielen. Aber auch in anderen Prozeßarten kann die Gefahr bestehen, daß wir unser Rechtswesen der Popularphilosophie der Gegenwart, der Psychologie, ausliefern. Übrigens haben die heutigen Wissenschaften vom Menschen selbst mehr, als es das Publikum annimmt, ein Bewußtsein von der Begrenztheit ihrer Forschungsergebnisse. Die Juristen, in deren Fachbereich sich mitunter allgemeine geistige Strömungen erst mit einer gewissen Phasenverzögerung niederschlagen mögen, sind dem Herrschaftsanspruch der Psychologie, wie er sich in der öffentlichen Meinung darstellt, in einem besonderen Maße ausgeliefert. In der öffentlichen Meinung neigt man der Auffassung

6

zu, man sei heute mit der Hilfe der Psychologie dem Menschen gleichsam auf die Schliche gekommen. Nicht zu Unrecht hat man behauptet, daß man heute einen stärkeren Rechtsschutz gegen eine Haussuchung als gegen eine seelische Durchleuchtung bis in die letzten Winkel seiner Persönlichkeit besitzt. Zur Zwiespältigkeit unserer Zeit gehört es andererseits, daß viel, und zwar mit echtem und mit falschem Pathos, von der Würde des Menschen gesprochen wird. Ihr aber schlagen die Enthüllungstendenzen, wie sie von popularisierten seelenkundlichen Darstellungen in illustrierten Zeitschriften und Filmen, von Fragebogen und Testprüfungen vorgenommen werden, ins Gesicht. In diesem Zusammenhang muß auch das Eindringen von Rundfunk und Fernsehen in die Verhandlungssäle unserer Gerichte genannt werden[7]). Der Gerichtssaal droht zum Studio der modernen Informationstechniken zu werden. Bereits der Vorsitzende einer Strafkammer, der einen Beschluß über den Ausschluß der Öffentlichkeit verkündet, muß heute damit rechnen, daß er mit einer solchen Maßnahme heftiger Kritik ausgesetzt wird. Das Prinzip der Öffentlichkeit, eines Grundsatzes, der zu den glanzvollen Ergebnissen des Kampfes um den modernen Rechtsstaat gehört, ist heute das Vehikel dafür geworden, um ungestört in den Bereich der Intimsphäre des Einzelnen eindringen zu können. Die Wächterfunktion des Öffentlichkeitsprinzips diente einmal dem Schutz des Einzelnen; heute darf man sich bei manchen Sensationsprozessen fragen, ob diese Schutzfunktion nicht aufgegeben und in ihr Gegenteil verkehrt worden ist. Der Einbruch der modernen Distanzlosigkeit in einen so stark traditionalisierten Bereich wie das Gerichtswesen, ist eines der ernstesten Symptome dafür, wie die Würde des Menschen als Konstitutionsprinzip unserer Rechtsordnung zum unverbindlichen Programmpunkt bagatellisiert werden kann. Gewiß ist der Schauprozeß nicht nur ein Problem unserer Tage. Der Prozeß gegen Jesus von Nazareth oder gegen die Jungfrau von Orléans sind Beleg dafür, wie seit jeher der Schauprozeß zu den Schattenseiten der Justiz gehört. Auf der Linie solcher Prozesse liegen ferner die politischen Schauprozesse, an denen

---

[7]) E b e r h a r d   S c h m i d t : Öffentlichkeit oder Publicity? (Festschrift für Walter Schmidt 1959 S. 338 ff.) formuliert: „Gegenüber dem berechtigten Interesse der Einzelnen ist das so viel beredete Informationsinteresse der Öffentlichkeit ein lächerliches Nichts" (S. 351). Vgl. ferner W e r n e r   S a r - s t e d t : Rundfunkaufnahmen im Gerichtssaal (JR. 1956 S. 121 ff.).

die Diktaturen aller Richtungen und aller Zeiten reich sind. Daneben aber gibt es heute — und das ist neu — einen Schauprozeß, der nicht mehr Staatsprozeß ist, sondern in dem der sehr private Angeklagte zum Objekt der öffentlichen Darstellung gemacht wird. Die heutige erschreckende Nivellierung von privater und öffentlicher Sphäre zeigt sich auch in dem Übergreifen des Schauprozesses aus dem Bereich des Politischen in den Bereich der allgemeinen Strafrechtspflege.

Hinter den erbarmungslosen Demaskierungstendenzen steht nicht zuletzt die Herrschaft des Gleichheitsdenkens in unserer Zeit. Denn derartige Betrachtungen beruhen letztlich auf der Vorstellung, daß es weder Helden noch Verbrecher, weder Recht noch Unrecht gibt, sondern nur noch die nivellierte Gesellschaft kranker Menschen. Der Richter, der in dieser Hinsicht dem Trend unserer Zeit unterliegt, muß an Grundvorstellungen seiner Arbeit irre werden; in eine solche nivellierte Gesellschaftsordnung passen die Imperative des „Du sollst" und „Du darfst" nicht mehr hinein.

2. Eine zweite Gefährdung richterlicher Arbeit in unserer Zeit liegt in Folgendem: Ein Richter soll seit jeher ein Mensch sein, der zuhören kann. Ohne echtes Zuhören-Können ist Richten sinnlos. Was aber bedeutet das in einer Welt, in der es selten ist, die Geduld zum Zuhören aufzubringen und in der der Geist des hämischen Unterschiebens und des Mißtrauens alle zu überfluten droht! Es wäre schlecht um die Rechtspflege bestellt, wenn auch auf der Richterbank das Zuhören-Können seltener wird. Wer gut zuhören will, muß selbst enthaltsam im Reden sein. Zumindest darf das Rechtsgespräch nicht zum Monolog des Richters werden. Die Richterbank ist auch keine Rampe, an die ein Schauspieler gerufen werden will, um vom Beifall des Publikums bestätigt zu werden. Es gibt nicht nur die Versuchung der Macht, sondern auch die der Publizität. Wer ihr erliegt, gerät in die Gefahr, den Richter zum Funktionär der Tagesmeinung werden zu lassen.

Der Richter, der nur noch unwillig oder schlecht zuzuhören vermag, mag selten sein. Es gibt jedoch einen Typ des Richters, der dem nicht-zuhörenden Richter verwandt ist. Es ist der ironische Richter. Er hört noch auf das, was vor seine Schranken gebracht wird. Aber an dem Gehörten entzündet sich für ihn die Möglichkeit, gegenüber den Parteien, ihren Prozeßbevollmächtigten, dem Angeklagten, den Zeugen das Feuerwerk der Ironie zu entzünden. Wie leicht ist es, von der Richterbank her ironisch zu sein! Man weiß es ja besser und hat mit seinem Richterspruch die Möglichkeit, sein besseres Wissen durchzusetzen. Selbstverständlich wird es Gelegenheiten in der richterlichen Praxis geben, wo ein ironisches Wort am Platze sein mag. Die Ironie kann seit altersher eine pädagogische Maßnahme sein und, soweit der Richter überhaupt einen pädagogischen Auftrag hat — das ist allerdings selten der Fall —, mag er auch vom Mittel der Ironie Gebrauch machen. Aber er sollte es höchst sparsam tun. Denn ironisch von der Richterbank zu sein, kann auch ein Spiel der Eitelkeit sein. Es kann das Zuhören in ein Gegenteil verkehren, wo es nicht mehr auf das Gehörte ankommt, sondern auf das, was von der Richterbank als Kommentar gegeben wird. Oft ist eine solche Ironie mit Menschenverachtung gekoppelt, einer Eigenschaft, die ganz gewiß auf dem Richterstuhl fehl am Platze ist. Es gibt wenige Berufe, zu denen so viel Menschenliebe und eben nicht Menschenverachtung gehört wie zum Richterberuf. All diese Selbstverständlichkeiten stehen mit dem Zuhörenkönnen und Zuhörenwollen in einem engen Zusammenhang. In einer Welt, in der der Mensch nicht bereit ist, auf den anderen zu hören, greifen Ironie, Verachtung, Besserwisserei um sich. Diese lassen den richterlichen Beruf zu einer Farce werden[8]).

3. Das dritte Problem, das für das Richten in unserer Zeit von besonderem Gewicht ist, sehe ich darin, daß die richterliche Tätigkeit mit dem verflochten ist, was man — ich weiß kein treffenderes Wort — das Gewissen nennt.

Wenn ich es richtig sehe, besteht eine der Grundwahrheiten des Christentums in der Entdeckung des Gewissens des Einzelnen. Die abendländische Geschichte — auch nachdem sie in das Stadium der Säkularisierung getreten ist — ist ohne dieses Gewissen nicht denkbar. Auf dieses Gewissen haben die modernen Wissenschaften vom Menschen, insbesondere in ihren popularisierten Abwandlungen, erhebliche Angriffe vorgetragen. Es sei an Vorstellungen

---

[8]) W i l l i G e i g e r : Von der Aufgabe und der Bedrängnis des Richters, DRiZ. 1959 S. 336 ff. hat in seinem nachdenklichen Vortrag auf dem Würzburger Richtertag zutreffend formuliert: „Richter sind keine Akteure in einem Drama."

erinnert, die im Gewissen nichts anderes als ein Produkt von Trieben und Komplexen sehen. Der Angriff auf das Gewissen ist für die richterliche Tätigkeit von entscheidender Bedeutung. Es war einer der großen Erfolge des oft so geschmähten 19. Jahrhunderts, daß es der Gewissensentscheidung des einzelnen einen juristisch gesicherten Raum gab. Als Beispiel sei an die Forderung des Wahlgeheimnisses erinnert. Das Wahlgeheimnis hatte einen Sinn, weil man mit ihm zu erreichen suchte, daß sich der Bürger unter seinem Schutz, ohne Druck von außen, allein seinem Gewissen unterworfen, zu einer Entscheidung durchrang. Nicht anders liegt es mit dem Beratungsgeheimnis unseres Gerichtsverfassungsrechts. Das Beratungszimmer eines Gerichts war und ist der Ort, an dem sich das Gewissen des Richters zum Entschluß durchringt. Richterkollegien, einschließlich der Laienrichter, sind nicht nur Leistungsgemeinschaften, sondern zugleich Gewissensgemeinschaften. Man kann sogar der Meinung sein, daß das Rechtsgefühl, an dem die Juristen nicht vorbeigehen sollten, nichts anderes als eine besondere Ausprägung des Gewissens ist. Im Gewissen des der Rechtsordnung unterworfenen Einzelnen wird die Norm am konkreten Fall erlebt. Die Anwendung der Normen auf den einzelnen Fall — das ist die Tätigkeit des Richters — ist zugleich ein Akt der Logik, des Rechtsgefühls u n d des Gewissens. Steht es in einer Zeit schlecht mit dem Gewissen, so muß auch die richterliche Tätigkeit bedroht sein.

Das Wort Gewissen mag etwas altmodisch erscheinen. In der Sprache der modernen Soziologie darf das hier liegende Problem in einer anderen Wendung angesprochen werden: Der amerikanische Soziologe D a v i d R i e s m a n hat in seinem Buch „The lonly crowd" die Ergebnisse der modernen Soziologie dahin zusammengefaßt, der Mensch von heute sei nicht „innengeleitet", sondern „außengeleitet". Damit soll gesagt sein, daß er nicht aus der Eigenentscheidung heraus lebt und sich zu einer in ihm selbst vorbereiteten Meinung durchkämpft, sondern wie ein Radargerät den Einflüssen von außen ausgesetzt ist, sie registriert und darauf reagiert. Der in der Soziologie geläufige Begriff der „Anpassung" gehört in diesen Zusammenhang. Es bedarf keines besonderen Hinweises darauf, daß sich diese außengeleiteten Menschen für Aufgaben wie die des Richters oder auch des Arztes, des Pfarrers oder des Lehrers nicht gerade eignen. Aber es läßt sich doch nicht leugnen, daß auch die Angehörigen solcher Berufe Menschen von heute sind und wie jedermann dem „Bombardement der Eindrücke und Einflüsse" (A r n o l d   G e h l e n) ausgesetzt sind, die täglich auf uns alle einwirken und uns oft nahezu entmündigen. Sie müssen uns schon deshalb in eine Art geistiger Unfreiheit führen, weil wir nicht mehr in der Lage sind, die Welt zu übersehen. Der effektive Lebensraum des Menschen von heute ist zwar ständig gewachsen, und die Erde bietet keine Schwierigkeiten mehr, sie in wenigen Tagen zu bewältigen. Gegenüber diesem effektiven Lebensraum schrumpft der beherrschte, der geistig beherrschte Lebensraum immer mehr. Wir verstehen, abgesehen von einigen Spezialisten, nicht mehr, wie viele Dinge, die unserer täglichen Welt angehören, funktionieren. Man braucht nicht einmal das Problem der Weltraumfahrt als Beispiel dafür anzuführen, daß ein Phänomen nur noch von wenigen auserwählten Spezialisten begreifbar ist. Auch das Geflecht der großen Politik und der Wirtschaft ist für den einzelnen nicht mehr übersehbar. Man tut im allgemeinen nur so, als ob man noch ein Eigenurteil hätte. Wenn es aber so ist, daß das moderne Leben vom einzelnen, um es in einer heute üblichen Formel zu sagen, nicht mehr in den Griff bekommen wird, entsteht die Gefahr, daß er den Einflüssen von außen erliegt und geistig unfrei wird.

Die Gefahr der Unfreiheit droht eben nicht nur von der Gewalt, an die der Jurist regelmäßig zuerst denkt. Nicht von geringerem Gewicht ist die Unfreiheit, die aus dem allgemeinen geistigen Habitus des entmündigten Menschen herrührt. In dieser Zeit einen Beruf auszuüben, der sich vom Bombardement der Eindrücke freihalten muß, das ist wahrlich eine Schwierigkeit, die auf dem Richter wie auf jedem anderen ähnlich am Menschen arbeitenden Beruf lastet. Sie ist schwerer zu bekämpfen als massive Einflußnahmen der Macht auf die richterliche Entscheidung. Denn der Richter darf jedenfalls in der westlichen Welt sicher sein, daß er gegenüber einem konkreten Machtspruch, der sein Urteil steuern wollte, die Flucht an die Öffentlichkeit wagen darf[9]). Gegenüber den unsichtbaren Einflüssen jedoch gibt es keinen Appell an eine helfende

---

[9]) G e i g e r a.a.O. S. 339 weist darauf hin, daß es zur Zeit keine echte Bedrängnis des Richters in seiner Unabhängigkeit gibt. Das trifft ganz gewiß für die klassisch verstandene Weisungsfreiheit des Richters zu.

Instanz. Ihnen gegenüber gibt es für den Richter nur den Rückzug auf sein Gewissen.

4. Eine weitere Schwierigkeit für das Richten in unserer Zeit ergibt sich daraus, daß der Graben zwischen dem Richter und denjenigen, die vor seine Schranken treten, immer tiefer wird. Die Juristen und vornehmlich die Richter sollen sich nicht darüber täuschen, daß die Aversion gegen die juristischen Berufe recht erheblich ist und — wie mir scheint — wächst. W e n g l e r hat kürzlich[10]) auf diese Problematik hingewiesen. Dazu seien folgende Bemerkungen gestattet:

Eine nicht zu unterschätzende Rolle spielt die Nachwirkung der Haltung Hitlers und seiner Kreisleiter, die den Juristen haßten. Es gibt dafür aus den Tischreden Hitlers markante Beispiele, und jene bekannte Rede im Berliner Sportpalast aus dem Kriege ist gewiß die Krönung dessen, was überhaupt an Gehässigkeit gegenüber den juristischen Berufen gesagt werden kann[11]). Derartige Dinge wirken fort. Sie haben damals Zustimmung gefunden, nicht nur als Ausdruck des Willens des Führers der Partei, sondern sie sprachen offenbar eine Auffassung an, die im Kreise der Zuhörer vorbereitet war. Solche „Stimmungen" wirken zweifellos nach.

Es ist aber nicht nur diese fortwirkende Abneigung aus der jüngsten Vergangenheit. Die Aversion geht weiter zurück, und man kann etwa, wie es W e n g l e r andeutet, eine Teilursache auch in der Eigenart des preußisch-deutschen Staats finden, in dem das Sozialprestige des Juristen erheblich hinter dem des Offiziers und des Rittergutsbesitzers zurückblieb. Die Franzosen und Italiener haben z. B. seit jeher eine Schwäche für die juristischen Berufe gehabt, und die Engländer haben in der Heraushebung ihres zahlenmäßig kleinen Richterstandes gleichfalls eine andere Einstellung zu den juristischen Berufen bekundet. All das fehlt bei uns und ist nicht so einfach zu revidieren.

Was die gegenwärtigen deutschen Verhältnisse angeht, so wird man auch an der folgenden Tatsache nicht vorbeigehen dürfen.

---

[10]) W i l h e l m W e n g l e r : Über die Unbeliebtheit des Juristen, NJW 1959 S. 1705 ff.
[11]) H u b e r t S c h o r n : Der Richter im Dritten Reich 1959 S. 10 ff. (Hitler: „Ich werde nicht eher ruhen, bis jeder Deutsche einsieht, daß es eine Schande ist, Jurist zu sein".)

12

Das Publikum fragt: Was kann das für ein Mensch sein, der zunächst als königlich-preußischer Richter die Treue gegenüber seinem Monarchen für sich in Anspruch nahm, dann auf die Weimarer Republik schwor, dann ein Gefolgsmann Hitlers — sei es auch nur ein formeller Gefolgsmann — wurde und sich jetzt als Vertreter der freiheitlichen demokratischen Grundordnung fühlt! Muß dem rechtsuchenden Publikum der Richter nicht charakterlich schwankend erscheinen? Liegt nicht für einen nicht lange nachdenkenden Betrachter der Verdacht nahe, daß der Richter in seiner Zuordnung auf das jeweilige Regime ein Instrument für jeden Machthaber ist? Sind, so mag man sich fragen, die Richter nur eine Art von Justitiaren der Mächtigen? Derartige Vorwürfe müssen ernst genommen werden. Sie hängen damit zusammen, daß das Publikum enttäuscht ist; man hat die Vorstellung, daß der Richter einem Leitbild nicht mehr entspricht, das man aus einer schon lange zurückliegenden — oft idealisierten — Vergangenheit in die Gegenwart übertragen möchte. Die Annahme liegt nicht fern, daß die Abneigung gegen das Richtertum bis zu einem gewissen Grade aus einem solchen Traditionsbedürfnis des Publikums genährt wird. Dieses Bedürfnis ist größer, als man es meist anzunehmen geneigt ist. Die Aversion gegen das heutige Richtertum ist mit ein Zeichen dafür, wie wenig man sich mit einer bloßen Gegenwärtigkeit begnügen möchte. Die Angst vor der Unbeständigkeit und Bedrohtheit des Augenblicks läßt den Blick rückwärts auf eine Zeit gerichtet sein, in der — wie man jedenfalls heute meint — das Beständige, auch das charakterlich Beständige selbstverständlich war. Die heutige Abneigung gegen die Juristen ist letztlich ein Ausdruck der Unzufriedenheit, und zwar nicht mit einer isoliert zu betrachtenden Institution wie dem Gerichtswesen, sondern mit der Gesamtsituation unseres öffentlichen Lebens und ihrer Amtsträger. Daher darf man sich — das sei am Rande bemerkt — auch nicht der Erwartung hingeben, daß mit einer noch so gut gemeinten Propaganda für das Richtertum und mit gesetzgeberischen Hilfen derartigen Schwierigkeiten wirklich entscheidend beizukommen ist.

Das schließt nicht aus, daß man in dem einen oder anderen Punkte etwas tun kann. Dazu gehört z. B. auch, daß die großen Faktoren der Meinungsbildung, insbesondere der allmächtige Film, die juristischen Berufe nicht so verzerrt, wie es zuweilen geschieht.

Der Haß des Normalbürgers gegen einen Luxusstandard wird nicht selten durch die Scheinwelt des Films geschürt, in der Anwälte mit Millionärsallüren auftreten. Im übrigen aber kann erst ein allgemein fortschreitender Gesundungsprozeß auch die Welle der Abneigung gegen das Richtertum auf ein normales Maß zurückführen.

Abgesehen von diesen schwierigen und wichtigen Problemen der Besonderheit gerade unserer Zeit darf man als Grund für die Abneigung gegen die Gerichte noch folgendes anführen: Der Richter entnimmt einem Sachverhalt, der ihm unterbreitet wird, bestimmte rechtserhebliche einzelne Umstände. Der Nichtjurist aber sieht den Sachverhalt gerade in der Fülle seiner Einzelheiten, und erst in der Individualität eines solchen einzelnen Falles mit allen seinen Kleinigkeiten meint der Laie die einzig mögliche Entscheidungsgrundlage zu sehen[12]). S e i n Fall, sein konkreter einzelner Fall interessiert ihn. Juristisch ausgedrückt: Der Laie fordert die Einzelfall-Gerechtigkeit. Der Jurist aber vertritt — bei aller Liebe zum Sachverhalt — die Normgerechtigkeit. Es liegt in diesem Zusammenhang der Gedanke nahe, daß der Laie damit einem christlichen Rechtsdenken nahesteht, während der Jurist einem heidnisch-römischen Rechtsdenken nahesteht. Das christliche unterschied sich doch wohl darin vom römischen Rechtsdenken, daß es den Einzelfall in das Zentrum der Betrachtung rückte. So wie der einzelne vor Gott seine individuelle Gerechtigkeit erfährt, soll auch die irdische Gerechtigkeit sich im Einzelfall verwirklichen. Wahrscheinlich ist eine derartige Rechtsauffassung allen Rechtssystemen eigen, die religiösen Charakter tragen. Es sei an das salomonische Urteil des Alten Testamens erinnert, das „juristisch" ein Fehlurteil gewesen sein dürfte, und an die Kadi-Justiz aus dem Reich Harun al Raschids. Bei den Juristen andererseits mag die Kenntnis des römischen Rechts noch so verblaßt sein, die große geistige Leistung römischen Rechtsdenkens, nämlich die Typizität der Fälle in der Norm zu erfassen, hat nach wie vor Bestand. Das christliche Rechtsdenken hat — trotz allen Schwundes christlichen Bewußtseins in unserer Zeit — in unserer säkularisierten Gesellschaftsordnung noch seinen Platz in der Vorstellung des

---

[12]) Zum alten Problem der Individualität des Falles im Recht vgl. statt vieler neuerdings die Arbeit von H e i n r i c h H e n k e l : Recht und Individualität, 1958.

Publikums von der Einzelfall-Gerechtigkeit[13]). Das bedeutet, daß das Rechtsdenken des Juristen und des Nichtjuristen in einer Kardinalfrage allen Richtens auseinandergeht. Dieser seit jeher bestehende Gegensatz wiegt umso schwerer, wenn, wie ich versucht habe anzudeuten, andere Umstände hinzutreten, die den Graben zwischen dem Richter und denjenigen, die vor seine Schranken treten, verbreitern.

5. Ein weiteres Problem lastet ebenfalls als große Hypothek auf dem richterlichen Beruf und führt in die Mitte der Problematik des Richterstaats. Es besteht darin, daß das Handwerkszeug, das der Richter zu handhaben hat, oft nicht genügt. Der deutsche Richter ist in erster Linie auf das positive staatliche Gesetz angewiesen. Damit wird seine Arbeit jenen geistigen Schwierigkeiten unterworfen, die in der seit langem schwelenden Krise der Gesetzgebung ihren höchst praktischen Ausdruck finden.

Die Krise des Gesetzesstaates hängt mit der Krise des Positivismus zusammen. Dazu sei in aller Kürze folgendes angedeutet: Auf dem Gebiet des Rechtes steht der Positivismus eng mit dem Sieg des Bürgertums in Zusammenhang. Der Absolutismus kannte noch die Bindung des Fürsten an das göttliche, jedenfalls an das „natürliche" Recht. Erst der bürgerliche Positivismus legte diese Bindung ab. Damit aber mußte die inhaltliche Qualifikation des Rechtssatzes zweifelhaft werden. Der Schwerpunkt des Gesetzes verlagerte sich in den Bereich des Politischen, das vom Parlament repräsentativ wahrgenommen wurde. Das Gesetz war der Ausdruck des Sieges des Parlaments über die Monarchie. Damit fiel dem Gesetz als seine zentrale Aufgabe die Funktion zu, die Grenzen der Eingriffe in Freiheit und Eigentum des Bürgers festzulegen. Das Gesetz wird geradezu definiert als dasjenige Institut, das generell etwas darüber besagt, inwieweit die Allgemeinheit Freiheit und Eigentum des Bürgers beschränken kann. So lautet die klassische Definition des Rechtssatzes und des Gesetzes. Sie hängt mit der Auffassung vom Wesen des bürgerlichen Rechtsstaates unlöslich zusammen.

Über eine an einer materiellen Gerechtigkeitsvorstellung ausgerichtete Inhaltsableitung des Gesetzes wurde damit nichts gesagt.

---

[13]) Mit dieser Akzentsetzung soll nicht verkannt werden, daß im Recht, wie es unsere Juristen handhaben, auch die Rationalität europäischen Denkens ihren Ausdruck findet.

Allerdings wäre es unzulässig, daraus zu schließen, der bürgerliche Rechtsstaat sei nur von formalen Rechtsvorstellungen getragen gewesen. Eher wird man sagen können: das, was man unter „gerecht" verstand, verstand sich von selbst. Der beneidenswerte, uns heute fast rührende Optimismus des nationalliberalen, den Staat tragenden Bürgertums in seiner so ungebrochenen Rechtsvorstellung mag uns heute fern anmuten. Dabei ist es müßig festzustellen, daß der Gesetzespositivismus des Bürgertums auf einer Illusion beruht, der Illusion der Gebildeten und zugleich Besitzenden, die meinten, ein Ideal auf die Erde herabgezwungen zu haben.

Die Entbürgerlichung des Rechts — wenn dieses häßliche Wort gestattet ist — in unserer Zeit hat in dem Ungenügen am Gesetzesbegriff des bürgerlichen Rechtsstaats ihren markanten Ausdruck gefunden. Die Problematik jenes Gesetzesbegriffes, d. h. die Entzauberung des bis dahin selbstverständlichen Gesetzeskriteriums, mußte offenbar werden, sobald man nicht mehr davon ausgehen konnte, daß eine Harmonie zwischen Staat und Recht bestand. Das parlamentsbeschlossene Gesetz des 19. Jahrhunderts war letztlich ein Symbol dafür gewesen, daß sich Staat und Recht auf dem Boden des rechtsstaatlich ausgerichteten, verfassungsmäßig zustandegekommenen Gesetzes miteinander in Übereinstimmung befanden. Aber diese beruhigte Auffassung vom Gesetz entfiel in dem Augenblick, wo der Parlamentarismus in die Krise geriet. Der allgemeine Vertrauensverlust in unserem öffentlichen Leben, der mit der Krise des Parlamentarismus gekoppelt ist, führte dazu, daß der Bürger nicht mehr zum Gesetz mit jenem Vertrauen hinblickte, das von seinen Vätern und Großvätern dem Gesetz noch entgegengebracht wurde. Das Gesetz wurde nunmehr in seiner inhaltlichen Richtigkeit und Gerechtigkeit zweifelhaft. Es gab keine das Gesetz tragende staatsbejahende Schicht mehr.

Verloren aber Parlament und Gesetz ihre selbstverständliche Autorität, wurden die Gerichte auf den Plan gerufen als diejenigen, die nunmehr dem Gesetz gegenüber die Verantwortung für das Recht übernahmen. Es gibt keine Gesellschaftsordnung, die bereit ist, auf die Dauer auf die Gerechtigkeit zu verzichten und nur nach dem vom Gerechtigkeitsideal gelösten Gesetz zu leben. Die Vorstellung, daß nicht das Gesetz, sondern das Recht der Leitstern des Rechtsdenkens ist, ist offenbar niemals völlig verlierbar. Selbst eine Zeit des konsequentesten Positivismus kann diese Vorstellung nicht ersticken. Das Recht als Gegenspieler des Gesetzes gehört zu den nie endenden Grundvorstellungen einer menschlichen Gesellschaft.

Das materielle Prüfungsrecht des Richters zog einen Schlußstrich unter die Richtigkeitsvermutung des Gesetzes, die den Positivismus gekennzeichnet hatte[14]). Das Gesetz ist nicht mehr „rechtskräftig", weil über der Rechtskraft des Gesetzes der Spruch des Richters steht. Diese Entwicklung hat im deutschen Rechtsbereich ihren ersten weittragenden Ausdruck in jener Entschließung der Richter des Reichsgerichts im Anfang des Jahres 1924 angesichts der Aufwertungskrise gefunden[15]). Es sei ferner an den aufsehenerregenden, leidenschaftlichen Aufsatz erinnert, den James Goldschmidt in demselben Jahr unter Weiterführung von Gedankengängen Heinrich Triepels veröffentlichte[16]). Die Entwicklung machte rasche Fortschritte, oft nicht in der ausgesprochenen Form des richterlichen Prüfungsrechtes, das gegenüber einem staatlichen Gesetz „nein" sagte, sondern auch in apokrypher Form; man denke etwa daran, wie das Reichsgericht im Jahre 1927 entgegen dem Wortlaut des § 218 StGB mutig die Frage der ärztlichen Schwangerschaftsunterbrechung anpackte, ohne darauf zu warten, daß sich der Gesetzgeber der Frage annahm, was man eigentlich billig hätte erwarten können[17]).

Derartige Entscheidungen eines offenen oder versteckten Prüfungsrechts haben sich unsere hohen Gerichte nie leicht gemacht. Mit gutem Grunde hat auch das Grundgesetz das richterliche Prüfungsrecht an die Leine des Art. 100 GG gelegt. Festzuhalten bleibt jedoch, daß die Anerkennung des materiellen Prüfungsrechtes das Ende des Systems der Gewaltenteilung bedeutet, wie es das 19. Jahrhundert kannte. Die Gewaltenteilung ist seitdem, wie

---

[14]) Günter Less: Vom Wesen und Wert des Richterrechts 1954 S. 63 stellt in diesem Zusammenhang fest, daß „es keinen der Rechtslogik standhaltenden Grund gibt, der das materielle Prüfungrecht des Richters ausschließen könnte".

[15]) JW. 1924 S. 90. S. ferner die Selbstbiographie des Reichsgerichtsrats Zeiler: Meine Mitarbeit (o. J.) S. 129 ff.

[16]) James Goldschmidt: Gesetzesdämmerung, JW. 1924 S. 245 ff.

[17]) Diesen Hinweis entnehme ich dem Vortrage Eberhard Schmidts: Gesetz und Richter — Wert und Unwert des Positivismus, 1952, S. 17/18.

eine große Zahl von Veröffentlichungen erweist, eines unserer schwierigsten Probleme der öffentlichen Ordnung geworden[18]).

Diese Entwicklung, die ihre Wurzeln in geistesgeschichtlichen und politischen Wandlungen hatte und die den Richter, ohne daß er sich dazu gedrängt hätte, gegenüber dem Gesetz souverän machte, ist dadurch beschleunigt worden, daß unser Gesetzgeber in zunehmendem Maße im rein Technischen auf der Strecke bleibt. Jedermann weiß es, daß wir ein Zuviel an Gesetzen haben und daß unser Gesetzeswerk von einer ständigen Unrast erfüllt ist. Niemand vermag den riesenhaften Mechanismus der modernen Gesetzgebung zu übersehen, die im Zeichen des Sozialstaats früher nicht vorstellbare Dimensionen erreicht hat. Dabei kann es nicht ausbleiben, daß die Gesetzgebung heute vielfach nicht zur Rechtssicherheit, sondern zur Rechtsunsicherheit führt[19]). Die juristische

---

[18]) Vgl. M a x I m b o d e n : Montesquieu und die Lehre der Gewaltentrennung, Schriftenreihe der Jur. Gesellschaft Berlin, Heft 1, 1959; W e r n e r W e b e r : Die Teilung der Gewalten als Gegenwartsproblem, Festschrift für Carl Schmitt, 1959, S 253 ff., beide mit weiteren Nachweisen.

[19]) Man sollte auch nicht meinen, die Not des Gesetzgebers könne entscheidend gemildert werden, wenn die Gesetze mehr als bisher materiellrechtliche Generalklauseln verwenden würden. Generalklauseln, soweit ihnen sozialethische Vorstellungen zugrunde liegen, sind unbedenklich, wenn ihre Konkretisierung durch Organe der Rechtsanwendung vorgenommen wird, deren Rechts- und Staatsleitbild gesichert ist. Es sei an die Rechtsprechung des Preuß. Oberverwaltungsgerichts zur polizeirechtlichen Generalklausel erinnert. Diese Generalklausel, die das OVG. so souverän handhabe, war nur deshalb so überzeugend zu interpretieren, weil ein allgemeines Einverständnis darüber bestand, was man unter dem von der Polizei zu schützenden öffentlichen Wohl begriffen werden müßte. Die rechtsstaatliche Durchdringung des Polizeirechts durch das OVG. stieß daher auch auf keine nennenswerte Kritik. Das Gericht sprach das Selbstverständliche aus. Wo wäre das heute möglich! Wer vermag heute authentisch etwas darüber zu sagen, welche Inhalte sich z. B. mit einem Begriff wie dem des öffentlichen Wohls verbinden! In einer Zeit fragloser Rechtsgeltungen können derartig weitgespannte Begriffe eine genügende allgemeine Billigung erwarten. Heute wird man in dieser Hinsicht skeptisch sein. Der Gesetzgeber wird sich bewußt sein müssen, daß er in dem Augenblick, in dem er eine Generalklausel verwendet, den Verwaltungsbeamten und den Richter auf den Plan ruft, um ihr einen genügend konkreten Inhalt zu geben. Generalklauseln können somit bedenklich sein, wo ihre Konkretisierung in die Ungewißheit führt, die in der Unsicherheit von Rechts- und Staatsleitbildern in unserer Zeit beschlossen liegt. In einem solchen Falle droht mit Generalklauseln nicht nur eine Unsicherheit in der täglichen Arbeit der Verwaltungsbehörden und Gerichte, sondern es besteht auch die Gefahr, daß sich im Schutze einer Generalklausel der Mißbrauch der Macht einschleichen kann. Es ist eine Erfahrung, daß die Perversion der Macht nicht mit lauten Rufen einherkommt, sondern sich in das Gewand des Biedermannes kleidet. Zu einem solchen Gewande gehört auch die schlagwortmäßige Einprägsamkeit von

Rätselhaftigkeit mancher Gesetze führt dazu, daß sie binnen kurzem Streitfragen mancherlei Art aufwerfen und daß die Rechtssicherheit, die doch der Gesetzgeber herbeiführen soll, erst in mühsamen, oft Jahre währenden Prozessen gewonnen werden kann. Die Gesetzgebungsarbeit unserer Parlamente hat einen kurzen Atem[20]). Wer sich davon eine Vorstellung verschaffen will, tue einen Blick in die Loseblattsammlungen, die es so zahlreich gibt. Es wäre allerdings falsch, wollte man aus dieser Erscheinung einen Vorwurf gegen das Parlament und die Ministerialbürokratie herleiten, die sich redlich um das mühselige Werk der Gesetzgebung bemühen. Das Modewort von der „Überforderung" ist hier gewiß am Platze. Manchmal scheint es auch so — darauf hat Hans P e t e r s aufmerksam gemacht —[21]), daß die Parlamente über ihre Kraft leben, weil sie dazu übergegangen sind, nicht nur Gesetze zu machen, sondern auch noch Verwaltungsaufgaben in die Hand zu nehmen.

Ist die Arbeit des Gesetzgebers aus einer Reihe von inneren und äußeren Gründen schwierig geworden und wird das selbstverständliche Ziel jeder Gesetzgebung, Rechtsklarheit und Rechtssicherheit zu schaffen, nicht immer erreicht, bleibt für die Erreichung dieses Ziels, ohne das ein Gemeinwesen nicht lebensfähig ist, kein anderer Weg, als daß der Richter einen Rechtsfortbildungsauftrag auf sich nimmt, der weit über das hinausgeht, was früher der Richter an Lückenergänzung des Gesetzes und an Klärungen von Zweifelsfragen zu bewältigen hatte. Die Gerichte entwickeln sich immer mehr zu einer Art von zweitem Gesetzgeber. Wer in unseren Fachbüchern, juristischen Zeitschriften, in Karteien und Fundheften die ständig fließende Kette von Leitsätzen beobachtet, wird in ihnen erkennen, wie die Gerichte der Sache nach — im übrigen oft auch im Sprachlichen — in weiten Bereichen das Werk des Gesetzgebers übernommen haben.

Formeln, die den Charakter von allgemeinverständlichen Generalklauseln tragen. Man denke an die Formel vom gesunden Volksempfinden. In den Generalklauseln liegt der verführerische Glanz, man könne der Juristerei entgehen und wieder in eine Überschaubarkeit der Rechtsordnung zurückkehren, die für jedermann begreiflich ist.

[20]) Der Schweizer Staatsrechtslehrer H a n s H u b e r : Niedergang des Rechts und Krise des Rechts (Festgabe f. Giacometti 1953 S. 59 ff.) spricht von der „Überanstrengung des Rechts" (S. 79 ff.).

[21]) H a n s P e t e r s : Der Kampf um den Verwaltungsstaat, Festschrift für Laforet, 1952, S. 19 ff., dort auch die Formulierung: „Der Gesetzgebungsstaat alter Prägung ist bereits durch die Entwicklung überholt" (S. 23).

Die Gerichte wurden auf diesen Weg übrigens nicht nur bei der Handhabung neuer Gesetze gedrängt. Nicht anders steht es in der Gerichtspraxis bei der Anwendung mancher sogen. vorkonstitutioneller Normen. Dabei zeigt sich zuweilen eine befremdliche Tatsache: Die Gerichte sehen sich genötigt, Gesetze aus den Jahren 1933—1945 anzuwenden, die sie im Grunde nicht anwenden möchten und sollten, die sie aber praktizieren, weil andernfalls eine Gesetzlosigkeit auf dem betreffenden Rechtsgebiet drohen würde. So werden z. B. Hebammenwesen, Schornsteinfegerwesen und Ausländerpolizei mit Vorschriften aus der Zeit des Nationalsozialismus bewältigt und in langwierigen Prozessen mühsam geordnet. Der Gesetzgeber aber schweigt. Mitunter hat man dabei das Empfinden, daß sich bei gesetzgeberischen Aufgaben wie den eben genannten Regierungsparteien und Opposition durchaus zusammenfinden könnten, daß aber hinter solchen Gesetzesvorhaben nicht der genügende Druck mächtiger pressure groups steht, die den gehetzten Gesetzgeber immer wieder antreiben. Auch in solchen Fällen leidet das Gesetz Not, und auch in solchen Fällen wird den Richtern eine Aufgabe angetragen, die von Hause aus dem Gesetzgeber zufällt.

Es ist nach alledem verständlich, wenn man bereits davon gesprochen hat, daß der „Schwerpunkt der Gerechtigkeitspflege" heute beim Richter und nicht beim Gesetzgeber liege[22]. Der letzte Hüter einer Gesetzlichkeit im Sinne einer Gerechtigkeitskontrolle ist nach unserer verfassungsrechtlichen Ordnung letztlich das Bundesverfassungsgericht. Die bloße Funktion einer „Wächterbürokratie" (M o r s t e i n   M a r x) haben die Gerichte damit bereits weit hinter sich gelassen.

Aber man sollte davor warnen, daß das Bundesverfassungsgericht und die oberen Bundesgerichte in die Rolle eines Schattenkabinetts und eines Schattenparlaments geraten. Ihnen steht auch nicht die Rolle der „Grauen Eminenz" in unserem öffentlichen Leben zu, und die Gerichte sollten es sich vor Augen halten, daß sie eben doch nicht ernsthaft mit den Professionels der Macht in der Arena der öffentlichen Meinung konkurrieren können.

---

[22]) So A r t u r   K a u f m a n n , AfRSozPhil. Bd. 45 S. 134 ff. (1959).

Wer allerdings meint, daß die Gerichte heute bereits zu viel an Verantwortung auf sich genommen hätten und auf dem Weg des Richterstaates bereits zu weit gegangen seien, wird sich entgegenhalten lassen müssen, daß die Entwicklung unaufhaltsam ist, wenn der Gesetzesstaat keine Renaissance erlebt. Die Vorstellung, man könne zu der Auffassung Montesquieus zurückkehren, nach der die richterliche Gewalt „en quelque façon invisible et nulle", d. h. unpolitisch sei, hatte eine Gerichtsbarkeit im Auge, die nicht daran dachte, in den Bereich des Öffentlichen judizierend einzudringen. Dafür bestand auch keine Veranlassung. Jene Justiz war an den traditionellen Formen zivilgerichtlicher Rechtsprechung und an der Masse der strafgerichtlichen Prozesse ausgerichtet, und in diesem Sinne war und ist die Rechtsprechung auch heute noch „unpolitisch". Dagegen ist es unzweifelhaft, daß wesentliche Teilgebiete in der Zivilrechts- und Strafrechtspflege und gar die öffentlich-rechtlichen Gerichtsbarkeiten durch Montesquieus Auffassung nicht mehr gedeckt werden. Wer bei ihr beharren will, ist ein Romantiker, wenn er meint, er erfasse mit solcher Betrachtung den Schwerpunkt richterlichen Waltens in unserer Gegenwart. Gewiß gibt es selbstverständlich nach wie vor Prozesse, die jenseits der Aktualität der Gegenwart liegen. Aber niemand soll sich darüber täuschen, daß in ihnen nicht mehr das Zentrum rechtsprechender Tätigkeit gesehen werden kann, mag man es bedauern oder nicht.

6. Das letzte Problem, das zur Stellung des Richters in unserer Zeit und zur Problematik des Richterstaates angesprochen werden soll, mag noch weniger juristisch als die bisher behandelten Fragen erscheinen. Wir stehen vor der Tatsache, daß die Juridifizierung unseres gesamten öffentlichen und privaten Lebens ständig fortschreitet. Sie führt dazu, daß nahezu j e d e Art des Konflikts als gerichtsfähig angesehen wird. Bei einer solchen Steigerung des „Rechtskonsums" — das Wort sei gestattet, so hart es klingen mag — kann es nicht ausbleiben, daß die Gerechtigkeit bürokratisiert wird. Auch das Gerichtswesen mündet in den Schalterbetrieb der modernen Großbürokratien ein. Selbstverständlich dürfte es zu allen Zeiten so gewesen sein, daß in der täglichen Arbeit der Gerichte das Ziel allen Richtens, die Gerechtigkeit, nicht immer sichtbar wurde. Auch wer in früheren Zeiten nach seiner Ausbildung als Student und als Referendar in das Richteramt gelangte, erfuhr es schmerzlich, mit wieviel Schwierigkeiten die Übersetzung

des Gelernten in die Praxis belastet ist. Es wird sich dabei stets um mehr als um ein Übersetzungsproblem aus der Theorie in die Praxis handeln. In diesen Schwierigkeiten kam und kommt auch heute das Eingeständnis zum Ausdruck, daß die Gerechtigkeit offenbar nicht in vollem Umfange erlernbar und rationalisierbar ist. In solcher Enttäuschung, die in der Tretmühle der Termine ständig genährt wird, lauert auf den Richter die Gefahr der Ermüdung. Diese schon immer vorhandenen Schwierigkeiten richterlicher Arbeit haben heute dadurch eine Steigerung erfahren, daß die Möglichkeit gerichtlicher Streitentscheidungen Ausmaße angenommen hat, die früheren Richtergenerationen unbegreiflich gewesen wären. Es gibt eine eigenartige Paradoxie auf dem Gebiet des Rechtswesens in unserer Zeit. Unsere Gegenwart ist, wie wir alle wissen, eine Welt, in der Gewalt und Unrecht dem Menschen immer wieder ins Gesicht schlagen. Zum anderen aber besteht in unserer Zeit ein mächtiger Drang zum Recht, jedenfalls zum Rechthaben. Mitunter kann man das Empfinden haben, daß es noch nie so viel Menschen gegeben hat, die dem Michael Kohlhaas verwandt sind. Man will Recht haben und begegnet seinem Gegenüber als ein Träger von Ansprüchen, von Rechten. Das ist im Verhältnis von Bürger und Staat offenkundig. Aber man denke auch an die moderne Familie mit ihrer heutigen Gleichberechtigungsstruktur, die den Familienverband in eine Summe von Ansprüchen aufzulösen droht. Man sehe auch auf das Arbeitsverhältnis, in dem die traditionellen Allgemeinformeln Fürsorge- und Treuepflicht manchmal schon etwas weltfremd anmuten. In allen diesen Bereichen spürt man es, wie die Beziehungen der Menschen zueinander juridifiziert wurden. Das ist keine Schuld der Juristen. Das ist, wenn man überhaupt von Schuld sprechen will, eine Schuld der Zeit. Man wird nicht leugnen können, daß dort, wo das Recht herrscht, Liebe, Erbarmen und Demut zurücktreten. Die Verrechtlichung unserer Existenz führt in eine Verengung unserer Menschlichkeit. Politiker, Philosophen und Theologen werden diesem Problem mit großer Sorge nachsinnen, und auch der Richter weiß darum, wie aus dieser Wandlung auf ihn neue Aufgaben zukommen.

Diese Ausführungen würden mißverstanden, wenn man sie nur dahin auslegen wollte, die angedeutete Entwicklung sei Ausdruck einer engstirnigen Michael-Kohlhaas-Gesinnung. An anderer Stelle habe ich darauf hingewiesen, daß wir in einem Wandel des Rechtsgefühls stehen dürften, und habe für diesen Wandel die Formel benutzt, der Einzelne neige heute dazu, das Schicksal als einklagbaren Rechtsverlust anzusehen[23]). Dieser These soll hier nicht im einzelnen nachgegangen werden; lediglich folgende zusammenfassende Bemerkungen seien gestattet:

Man meint heute weithin, das Schicksal, das dem Einzelnen begegnet ist und ihn ohne sein Verschulden geschlagen hat, müsse mit den Mitteln des Rechts korrigiert werden. Die uralte Vorstellung vom Recht als Hort der Geborgenheit findet hier einen neuen Ausdruck. Das Recht wird alsdann zum Gegenspieler des als ungerecht empfundenen Schicksals. Schicksal ist nicht mehr nur ein theologisches, philosophisches und historisches Problem, sondern zugleich ein juristisches Problem. Man hat das Empfinden, daß die Lähmung durch Schicksalsschläge wenigstens in Form von Ersatzansprüchen ausgeglichen werden soll. Anspruchsgegner ist der Staat ohne Rücksicht auf die Wandlungen und die Verfassungsform dieses Staates. Ihm gegenüber wird die Forderung nach der Revision des Schicksals als Rechtsforderung angemeldet. Er soll verpflichtet sein, die Ungleichheit der Schicksalsbetroffenheit zu lindern und soweit wie möglich denen gegenüber, denen ein gleiches Schicksal nicht widerfahren ist, zu nivellieren. Auch die Gerichte werden auf diese Weise in die Verteilerfunktion des modernen Sozialstaats eingeordnet.

Auch hier zeigt sich die Macht des Gleichheitsgedankens in unserer Zeit[24]). Christliche, aufklärerische, nationalstaatliche und sozialistische Vorstellungen haben zusammengewirkt, um ihm seine heutige überragende Bedeutung zu geben. Zum Gleichheitsgedanken tritt der Äquivalenzgedanke, der unser Versicherungsrecht trägt. Der einzelne fordert die Hilfeleistung, weil ihm ein Schaden entstanden ist; der Schaden, den er erlitten hat, ist die Vorleistung für das, was er nunmehr als Hilfe von der Gesamtheit einfordert. Für den Wandel unserer Rechtsvorstellungen in diesem Problem-

---

[23]) Vgl. F r i t z W e r n e r: Wandel des Rechtsgefühls, Radius 1957, Heft 4, S. 35 ff.

[24]) G e r h a r d L e i b h o l z (Die Gleichheit vor dem Gesetz, 2. Aufl. 1959 S. 25) hat bereits vor fast drei Jahrzehnten darauf hingewiesen, daß dem Gleichheitsbegriff die Tendenz immanent sei, sich selbst zu radikalisieren.

kreis gibt es eine Fülle von Beispielen; man denke an das Recht der Verfolgten, der Vertriebenen, der entnazifizierten Beamten, der Besatzungsgeschädigten, der Kriegsgefangenen und mancher anderer Gruppen[25]).

Der Richter kann den Forderungen, die hier an ihn gestellt werden, nicht ausweichen. Allerdings darf er nicht der Versuchung erliegen, die in der Macht liegt, die ihm das Rechtsgefühl seiner Mitbürger hier zuweisen möchte. Er wird den Weg, auf den er hier gedrängt wird, mit großer Vorsicht beschreiten müssen und nur in enger Zusammenarbeit mit Legislative und Exekutive. Das, was der Bürger dem Richter in solchen Fällen abverlangt, ist zunächst eine Aufgabe der Legislative und der Exekutive, die den Willen des Gesetzes zu vollziehen hat. Gelingt es allerdings dem Gesetzgeber nicht, das in der Wandlung begriffene Rechtsgefühl der Rechtsgemeinschaft in geordnete gesetzliche Bahnen aufzufangen und es dabei auch vor hypertrophischen Übersteigerungen zu bewahren, bleibt allerdings keine andere Wahl mehr, als daß sich der Richter einschaltet. An den Problemen des Sozialstaats entscheidet sich das Schicksal des Gesetzgebungsstaates. Es sei auch an dieser Stelle wiederholt: Kommt es zu keiner Renaissance der Gesetzgebung, ist der Weg in den Richterstaat unausweichlich.

---

[25]) Der Frage, inwieweit heute die Gerechtigkeit mitunter als Gerechtigkeit auf einem bestimmten Sektor verstanden wird, soll hier nicht weiter nachgegangen werden. Sie hängt u. a. damit zusammen, daß heute vielfach der Gleichheitssatz durch die Gruppe modifiziert wird, zu der der Rechtsuchende gehört. Der Flüchtling will so behandelt werden, wie seiner Meinung nach die anderen Flüchtlinge behandelt werden, und ebenso wollen der Wiedergutmachungsberechtigte, der Besatzungsgeschädigte, der Schwerbeschädigte u. a. m., alle diese einzelnen Kategorien von Antragstellern, die die Leistungsverwaltung in Anspruch nehmen, sich nicht so sehr auf die allgemeine staatsbürgerliche Gleichheit berufen, sondern darauf, daß sie zu einem bestimmten Typus von Bürgern gehören. Dieses Anliegen des Bürgers erklärt auch die zahlreichen Fälle der Gleichstellung, zu denen sich der Gesetzgeber entschlossen hat. Es sei an die entsprechenden Vorschriften des Bundesentschädigungsgesetzes, des 131er Rechts, des Flüchtlingsrechts und des Schwerbeschädigtenrechts erinnert. Jedoch beschränkt sich die Problematik nicht auf Gleichstellungen durch den Gesetzgeber, sondern Verwaltung und Rechtsprechung werden mit dieser Frage ebenso in Anspruch genommen. Es zeichnet sich hier ein Wandel des Gleichheitspostulats ab; er hängt damit zusammen, daß unsere Sozialordnung in eine variantenreiche Fülle von Gruppen aufgegliedert ist. Die Gerichte sind in der Handhabung der sich hier ergebenden neuen Fragen zur Auslegung des Gleichheitssatzes im allgemeinen zurückhaltend, und sie sollten es auch sein. Die Rechtsprechung kann jedenfalls eine Klammer sein, um das Auseinanderfallen unserer Rechtsordnung in Teilrechtsordnungen bis zu einem gewissen Grade aufzuhalten.

Eine solche Entwicklung wäre kein Fortschritt. Sie wäre eine Notlösung. Das Amt des Richters ist heute ohnehin mit einer Fülle von Problemen belastet, die im ersten Teil dieses Vortrages angedeutet worden sind. Niemand sollte wünschen, daß sich diese Last noch weiter vermehrt. Das Richteramt ist ohnehin zu allen Zeiten ein Amt, das schwer auf den Schultern eines Menschen lastet. Die Gegenwart überlastet dieses Amt noch mehr, nicht zuletzt deshalb, weil sie es in den Bereich des Politischen zieht. Denn die Übernahme von gesetzgeberischen Aufgaben auf dem Wege zum Richterstaat ist ein Politikum ersten Ranges. Der Richter ist zu einer zentralen Figur im politischen Spiel unserer Gegenwart geworden. Er wird in eine politische Rolle gedrängt. Er selbst aber sollte sich nicht dazu drängen.

*

Man täusche sich nicht: Auch der Richterstaat führt nicht in ein Zeitalter der Vollendung des Rechts. Auch in ihm verbleibt es bei der Spannung, in der der Richter Zeit seines Lebens steht, ob nämlich sein Spruch die Gerechtigkeit erfüllt hat oder nicht. Die Frage, ob der konkrete Prozeß, den er entschieden hat, wirklich gerecht von ihm entschieden worden ist, bedrängt ihn bis zum Ende seines Schaffens. Dieses Sich-selbst-befragen nimmt ihm kein System ab, weder der Richterstaat noch der Gesetzesstaat noch irgendein anderes Rechtssystem. Hier befindet sich der Richter in einer unvertretbaren Einsamkeit. Sicherlich sind in einer solchen Einsamkeit Gefahren mancherlei Art verborgen. Defaitismus, Skepsis, Eitelkeit und Nihilismus gehören dazu. Niemand wird solche Gefahren, denen gerade der richterliche Beruf ausgesetzt ist, leugnen. Aber es gibt im Bereich des Geistigen keine perfektionistischen Lösungen. Man muß sich entscheiden, und mit der Entscheidung ist die Möglichkeit mitgegeben, das Richtige zu verfehlen.

Dieser Vortrag ist kein Rezept, und ich kann mir manchen Hörer vorstellen, der am Ende dieser Ausführungen die Vorstellung hat, es sei alles wie das Hornberger Schießen ausgegangen. Diesem Hörer gilt mein aufrichtiges Mitgefühl. Aber es sollte bei

Veranstaltungen wie denen der Juristischen Gesellschaft nicht in erster Linie darum gehen, Anweisungen und Richtlinien mit nach Hause zu nehmen; es darf um die Erregung einer Unruhe gehen. Immer wieder muß man sich an den Anfang zurückgeworfen fühlen. Das bedeutet nicht Resignation, sondern die Freiheit, sich von Zeit zu Zeit selbst zu begegnen.

Veröffentlichungen der Vereinigung der Deutschen Staatsrechtslehrer

8. **H e f t.** **Kabinettsfrage und Gesetzgebungsnotstand nach dem Bonner Grundgesetz — Tragweite der Generalklausel Art. 19 Abs. 4 des Bonner Grundgesetzes.** Bericht von W a l t e r J e l l i n e k, H a n s S c h n e i d e r, F r i e d r i c h K l e i n und H e i n r i c h H e r r - f a h r d t. Oktav. 171 Seiten. 1950. DM 12,—

9. **H e f t.** **Die Grenzen der Verfassungsgerichtsbarkeit — Die Gestal- tung des Polizei- und Ordnungsrechts in den einzelnen Besatzungs- zonen.** Berichte von E r i c h K a u f m a n n, M a r t i n D r a h t, H a n s J u l i u s W o l f f und O t t o G ö n n e n w e i n. Oktav. 224 Seiten. 1952. DM 22,—

10. **H e f t.** **Ungeschriebenes Verfassungsrecht — Enteignung und So- zialisierung.** Berichte von E r n s t v. H i p p e l, A l f r e d V o i g t, H a n s P e t e r I p s e n und H e l m u t K. J. R i d d e r. Oktav. 185 Seiten. 1952. DM 15,—

11. **H e f t.** **Die staatliche Intervention im Bereich der Wirtschaft** (Rechtsformen und Rechtsschutz) **— Die Gegenwartslage des Staatskirchenrechts.** Berichte von U l r i c h S c h e u n e r, A d o l f S c h ü l e, W e r n e r W e b e r und H a n s P e t e r s. Oktav. 271 Seiten. 1954. DM 21,—

12. **H e f t.** **Begriff und Wesen des sozialen Rechtsstaates — Die aus- wärtige Gewalt der Bundesrepublik.** Berichte von E r n s t F o r s t - h o f f, O t t o B a c h o f, W i l h e l m G r e w e, E b e r h a r d M e n z e l und Aussprache zu den Berichten. Oktav. 274 Seiten. 1954. DM 24,—

13. **H e f t.** **Der deutsche Staat im Jahre 1945 und seither — Die Be- rufsbeamten und die Staatskrisen.** Berichte von A. Freiherr v o n d e r H e y d t e, G ü n t e r D ü r i g, R i c h a r d N a u m a n n, H a n s S p a n n e r. Oktav. 202 Seiten. 1955. DM 18,—

14. **H e f t.** **Die Finanzverfassung im Rahmen der Staatsverfassung — Verwaltung und Verwaltungsrechtsprechung.** Berichte von K a r l M. H e t t l a g e, T h e o d o r M a u n z, E r i c h B e c k e r, H e l - m u t R u m p f. Oktav. 219 Seiten. 1956. DM 19,60

15. **H e f t.** **Das Gesetz als Norm und Maßnahme — Das besondere Ge- waltverhältnis.** Berichte von C h r i s t. - F r i e d r. M e n g e r, H e r b e r t K r ü g e r, H e r b e r t W e h r h a h n, C a r l H e r - m a n n U l e. Oktav. III, 235 Seiten. 1957. DM 21,50

16. **H e f t.** **Parlament und Regierung im modernen Staat — Die Orga- nisationsgewalt.** Berichte von E r n s t F r i e s e n h a h n, K a r l J o s e f P a r t s c h, A r n o l d K ö t t g e n, F e l i x E r m a - c o r a. Oktav. 283 Seiten. 1958. DM 24,—

17. **H e f t.** **Die verfassungsrechtliche Stellung der politischen Parteien im modernen Staat / Das Verwaltungsverfahren.** Berichte von K o n r a d H e s s e, G u s t a v E. K a f k a, K a r l A u g u s t B e t t e r m a n n, E r w i n M e l i c h a r und Aussprache zu den Berichten. Oktav. 255 Seiten. 1959. DM 24,—

18. **H e f t.** **Das Grundgesetz und die öffentliche Gewalt der internatio- nalen Staatengemeinschaft / Der Plan als verwaltungsrechtliches Institut.** Berichte von G e o r g E r l e r, W e r n e r T h i e m e, M a x I m b o d e n, K l a u s O b e r m a y e r. 1960. Im Druck. Angaben über die Hefte 1—7 auf Anfrage.

W A L T E R D E G R U Y T E R & C O. / B E R L I N W 35
vormals G. J. Göschen'sche Verlagshandlung · J. Guttentag, Verlags- buchhandlung · Georg Reimer · Karl J. Trübner · Veit & Comp.

Das Wesen der Repräsentation und der Gestaltwandel der Demokratie im 20. Jahrhundert

von Gerhard Leibholz

Dr. jur., Dr. phil., o. ö. Professor an der Universität Göttingen, Richter am Bundesverfassungsgericht

2., durch einen Vortrag erweiterte Auflage.

Oktav. 252 Seiten. 1960. DM 27,—

Aus dem Vorwort:

Die erste Auflage des vorliegenden, seit einer Reihe von Jahren vergriffenen Buches war im Jahre 1929 erschienen. Die in ihm erörterten Fragen, die in den angelsächsischen und romanischen Staaten schon seit langem eine gewichtige Rolle spielen, sind bei uns, besonders in den letzten Jahren, in ihrer grundsätzlichen Bedeutung von Historikern, Soziologen, Juristen und Vertretern der Wissenschaft von der Politik erneut behandelt worden. Eine Reihe von Tagungen hat sich angesichts der wichtigen politischen und rechtlichen Konsequenzen mit dem Verhältnis von Verfassungsrecht und Verfassungswirklichkeit befaßt.

Angesichts der Überzeugung des Verfassers, daß im grundsätzlichen die diesem Buche zugrunde liegende Konzeption der Gegenwartsanalyse einer Revision nicht bedarf, hat er geglaubt, die Erstauflage unverändert der wissenschaftlichen Öffentlichkeit unterbreiten zu dürfen. Er hat sich lediglich darauf beschränkt, einen in Mainz am 18. März 1955 gehaltenen Vortrag über den Geisteswandel der modernen Demokratie hinzuzufügen. Dieser Vortrag ist inhaltlich nicht verändert, aber nach mancherlei Richtung erweitert und durch einige Anmerkungen, in denen auf einzelne wichtige Neuerscheinungen hingewiesen worden ist, ergänzt worden.

Aus dem Inhalt:

Methodische Grundlagen

Das Wesen der Repräsentation

    Die Allgemeine staatstheoretische Bedeutung der Repräsentation
    Die Stellung der Repräsentanten. Ihre Unabhängigkeit
    Die Spannung zwischen Verfassungsrecht und Wirklichkeit in den Demokratien der Gegenwart
    Repräsentation und Organschaft
    Die Legitimierung der Repräsentation
    Die Auslesefunktion und die Publizität der Repräsentation
    Repräsentation und berufsständische Interessenvertretung
    Zur Repräsentation im Völkerrecht und im Bundesstaatsrecht

Der Gestaltswandel der Demokratie im 20. Jahrhundert

Sachverzeichnis

Bestellen Sie bitte bei Ihrem Buchhändler

WALTER DE GRUYTER & CO. / BERLIN W35